BALANCE

DES SERVICES

DE LA

COMPAGNIE DES INDES

ENVERS L'ÉTAT;

ET DE CEUX

DE L'ÉTAT ENVERS LA COMPAGNIE.

BALANCE

DES SERVICES

DE LA

COMPAGNIE DES INDES

ENVERS L'ÉTAT;

ET DE CEUX

DE L'ÉTAT ENVERS LA COMPAGNIE,

Depuis 1719 jusqu'en 1725.

A LONDRES;

& se trouve

A PARIS,

Chez **DES VENTES DE LA DOUÉ**, Libraire,
rue Saint-Jacques, vis-à-vis le College de Louis-le-Grand.

M. DCC. LXIX.

BALANCE
DES SERVICES
DE LA
COMPAGNIE DES INDES
ENVERS L'ÉTAT;
ET DE CEUX
DE L'ÉTAT ENVERS LA COMPAGNIE,

Depuis 1719 jusqu'en 1725.

L ES Apologiſtes de la Compagnie des Indes ſe ſont fort récriés ſur l'omiſſion faite dans ſon hiſtoire, de tout ce qui a rapport au ſyſtême des Finances établi pendant les années 1719 & 1720. Les uns ont dit que cette partie avoit

A

été *efcamotée* dans le deffein de dérober au public la connoiffance des fervices importans que la Compagnie a rendus à l'Etat : d'autres que c'étoit dans ces temps malheureux qu'on trouveroit les titres refpectables de la propriété des Actionnaires. Mais aucun d'eux n'a levé ce voile qu'ils fe plaignent qu'on a tiré fur ces temps *fi avantageux à la Compagnie :* aucun n'a eu affez de zele pour mettre au grand jour ces titres refpectables , ces importans fervices : tous fe contentent de mettre en avant des affertions fans les appuyer d'aucune preuve.

La bonté paternelle du Souverain auroit defiré qu'il ne reftât aucune trace de ces opérations ruineufes qui avoient mis tant de confufion parmi tous les Ordres de la Nation. C'eft dans ce deffein qu'il avoit été ordonné par différens Arrêts & Edits que tous les papiers relatifs au *vifa*, que tous les regiftres & papiers qui avoient fervi aux achats des Actions & à toutes les opérations de la Compagnie des Indes pendant la minorité de S. M. feroient brûlés en préfence de Commiffaires , à l'exception toutefois des papiers qui auroient rapport à fon commerce.

C'eft cependant à ces temps que nous rappellent aujourd'hui les Actionnaires ; ils crient à l'ingratitude , parce qu'on n'eft pas entré dans le détail de ces opérations dont

[3]

on a voulu abolir la mémoire : c'est dans
ce cahos qu'ils puisent leurs titres respecta-
bles , & qu'ils nous forcent de nous plonger
pour discuter la légitimité de leurs prétentions.

Examinons - les donc ces prétentions pour
en prouver la fausseté , pour faire voir que
la *Compagnie n'a jamais fait le bien de l'Etat ,
& que l'Etat a toujours fait celui de la Compagnie.* Le seul exposé des faits , tels qu'ils
sont conservés dans les Edits , Arrêts & Déclarations émanés pendant les opérations du
système, suffira pour démontrer la vérité de ces
propositions.

Il faut remarquer d'abord que la Compagnie foible & chancelante dans son origine ,
s'abandonna aux vues les plus ambitieuses , dès
que les graces accumulées du Gouvernement
l'eurent mise en état de gagner la confiance du
public. Son projet étoit de concentrer en elle
tous les objets dont elle espéroit les plus grands
profits. Au mois de Mai 1719 on lui réunit
la Compagnie de la Chine : on lui donne ensuite le privilege de la Compagnie d'Afrique,
avec exemption de tous droits à Marseille sur
les marchandises apportées des Etats de Tunis
& d'Alger. Au mois de Juillet on lui donne
le bénéfice des monnoies ; au mois d'Août la
régie des Fermes générales ; au mois de Dé-
cembre le bénéfice sur les affinages des matieres

Edit de Mai
1719.

Arrêt du 25
Juillet 1719.
Du 27 Août
1719.
Arrêt du 9
Décemb. 1719.

Arrêt du 10 Sept. 1720.

Arrêt du 1er. Juin 1720.

Lettres-patentes en forme d'Edit, du mois d'Avril 1720.
Arrêt du 10 Sept. 1720.

Arrêt du 5 Janvier 1721.

d'or & d'argent ; elle achete enfuite le privilege excluſif de commercer à *Saint-Domingue*. Toutes ces entreprifes devoient lui donner de grands bénéfices ; mais on ne voit en tout cela que l'avantage particulier de la Compagnie, réſultant d'une ſuite d'opérations contraires au bien général.

La réunion du commerce de l'Aſie, de l'Afrique & de l'Amérique dans les mains de la Compagnie étoit contraire au bien de l'Etat : le bénéfice de la monnoie accordé à la Compagnie étoit contraire au bien de l'Etat ; on ne ſe reſſouvient pas ſans frémir de l'inquiſition odieuſe qu'il introduiſit en 1720. Le privilege excluſif de commercer à Saint-Domingue étoit contraire au bien de l'Etat : l'ancienne Compagnie de Saint-Domingue avoit ſollicité elle-même ſa diſſolution, & le Roi avoit reconnu la néceſſité de la liberté du commerce dans cette Iſle ; cependant la Compagnie des Indes vient à bout de rétablir le privilege excluſif. La régie des Fermes générales par la Compagnie étoit contraire au bien de l'Etat, puiſqu'on a été forcé de la retirer de ſes mains en lui défendant de ſe mêler jamais d'aucune opération de Finances. On verra par la ſuite que la Compagnie n'avoit en vue que ſon intérêt dans toutes ces entreprifes qui lui étoient avantageuſes, ou du moins qu'elle croyoit telles ; & il ſeroit abſurde de

[5]

prétendre qu'on lui doit de la reconnoiffance pour s'en être chargée.

Il eft bien plus vraifemblable que la Compagnie elle-même fe croyoit obligée de reconnoître les facrifices qu'on lui faifoit, lorfqu'elle propofa au Roi de lui prêter 1200 millions pour être employés à l'acquittement des dettes de l'Etat ; lorfqu'elle porta par la fuite fes offres jufqu'à 1500 millions.

Voilà ce fait fi vanté, *cette fource des titres refpectables des Actionnaires.* Il ne faut que lire l'Arrêt par lequel S. M. accepte les propofitions de la Compagnie, pour faire tomber la haute idée qu'on veut nous faire prendre du fervice qu'elle rendit alors, & même pour l'anéantir.

La Compagnie offre de prêter 1200 millions au Roi, mais en même-temps elle demande, 1°. qu'on lui donne la régie des Fermes générales, 2°. la continuation de tous fes privileges pour cinquante ans, 3°. qu'on lui fît des contrats de conftitution pour 36 millions de rentes pour l'intérêt à 3 pour 100 des 1200 millions, lefquels 36 millions elle retiendroit par fes mains fur le prix du bail des Fermes générales. Ces 36 millions de rente furent enfuite portés à 48 millions, parce qu'on y joignit l'intérêt de 300 millions que la Compagnie ajouta aux 1200 qu'elle avoit offerts, & celui des 100 millions des premiers fonds qui furent auſſi réduits à 3 pour 100.

Arrêt du 19 Sept. 1719.
Arrêt du 27 Août 1719.

Pour être en état de prêter ces ſommes, la Compagnie demande la permiſſion de les emprunter ; le Roi la lui accorde, & lui permet de donner, pour la valeur de ces ſommes, des Actions rentieres au porteur ou des contrats de conſtitution à 3 pour 100.

Arrêts des 13 & 28 Septembre, & du 2 Octobre 1719.

Les Arrêts des 13 & 28 Septembre, & du 2 Octobre 1720, autoriſent la Compagnie à créer 300000 Actions de 500 livres qu'elle vend 5000 livres, ſuivant le taux fixé par les Arrêts ; elle en retire un fonds de 1500 millions qu'elle prête au Roi, ou, ce qui revient au même, qu'elle emploie au rembourſement des dettes du Roi.

L'Etat trouvoit il un ſoulagement réel dans cette opération ? Non ; car, 1º. tout le bénéfice qu'il en pouvoit eſpérer ſe réduiſoit à 16 millions de rente qu'il avoit de moins à payer, & il reſtoit endetté envers la Compagnie d'un capital de 1600 millions à 3 pour 100, qui donnoit 48 millions de rente. Une ſimple réduction de l'intérêt de 4 à 3 pour 100 auroit produit le même effet, avec moins de perte de la part des Intéreſſés. Il eût fallu, à la vérité, un coup d'autorité pour faire cette réduction : mais on fut contraint d'en venir là au temps du *viſa* ; & ſi on l'eût faite au lieu d'accepter les propoſitions de la Compagnie pour l'acquittement des dettes de l'Etat , on auroit épargné à la Nation tous les défordres & les troubles qui fuivirent depuis ce temps jufqu'à celui du *vifa*.

2°. La conceffion de tous les privileges de la Compagnie pour cinquante ans expofoit l'Etat à tous les inconvéniens des privileges exclufifs , dont la fuppreffion lui auroit bientôt produit des fommes plus confidérables que les 16 millions de rente que le Roi épargnoit.

3°. La régie des Fermes donnée à la Compagnie ne fervit qu'à augmenter le défordre des Finances du Roi , défordre qu'il ne fut pas poffible de réparer autrement qu'en caffant & annullant le bail qui lui avoit été paffé pour la régie des Fermes générales.

Arrêt du 5 Janvier 1721.

4°. Le paiement des dettes de l'Etat ne fut que fimulé. La Compagnie devoit emprunter 1200 millions pour l'exécuter , & donner aux Prêteurs des Actions rentieres fur elle , ou des contrats de conftitution à 3 pour 100 ; & par l'Arrêt du 31 Août 1719, les Créanciers de l'Etat étoient obligés de préfenter leurs titres & de recevoir en paiement du Garde du Tréfor Royal , des affignations fur le Caiffier de la Compagnie. Mais fi la Compagnie étoit obligée d'emprunter pour payer la dette de l'Etat , il falloit qu'elle donnât une caution pour la fûreté des Prêteurs : elle ne pouvoit

Arrêt du 27 Août 1719.

Arrêt du 31 Août 1719.

donner cette caution que fur fes fonds, ou fur les rentes qui lui étoient affignées fur les Fermes : or les fonds de la Compagnie déja confondus dans ceux des Fermes générales, le furent bientôt après avec ceux de la banque qui étoient les fonds de l'Etat ; & ce n'étoit que parce que la Compagnie fe trouvoit chargée de toutes ces parties, qu'elle avoit gagné la confiance des Prêteurs. C'étoient donc les fonds de l'Etat qui cautionnoient toujours la dette de l'Etat. Il y a plus, l'Etat, au lieu de fe décharger de fes dettes, fe trouva doublement endetté par cette opération, puifqu'il conferva fa dette entiere de 1600 millions, qui paffa des Particuliers à la Compagnie, avec les intérêts fur les Fermes pour 48 millions de rente, & que fes fonds, confondus avec ceux de la Compagnie par la régie des Fermes & la réunion de la banque, étoient hypothequés pour la fûreté du paiement des effets que la Compagnie avoit employés au rembourfement des dettes de l'Etat.

Arrêt du 12 Octobre 1719.

On objectera peut-être, & j'ai dit moi même plus haut, que les 1500 millions prêtés au Roi par la Compagnie, étoient le produit de la vente des Actions. Or la Compagnie n'ayant point donné d'Actions rentieres fur elle, ni de contrats de conftitution à 3 pour 100, fes fonds ni ceux de l'Etat n'étoient point hypothequés pour la fûreté des Créanciers de la

Compagnie,

Compagnie, qui, dans le cas préfent, font les Actionnaires.

Cette objection ne prouve rien en faveur de la Compagnie, & fournit un grief de plus contre elle.

La Compagnie avoit bien vu fans doute qu'en empruntant 1500 millions à 3 pour 100 pour les prêter au Roi au même prix, il n'y avoit rien à gagner pour elle. Il lui fut beaucoup plus facile de fabriquer 300000 Actions qui lui donnerent tout de fuite les 1500 millions dont elle avoit befoin, fans autre frais que ceux de la fabrication des Actions ; fans autre obligation de fa part, que celle de partager fes profits, fi elle en faifoit, avec ceux qui lui confioient fi aveuglément leur fortune ; ou de les ruiner avec elle, fi elle fe ruinoit, fans qu'ils puffent avoir aucun recours contre elle. Mais cette opération étoit-elle conforme aux regles d'une morale exacte ? Ne pouvoit-on pas reprocher à la Compagnie d'avoir profité du moment où l'efprit de vertige s'étoit emparé de prefque tous les Citoyens qui alloient dans fes bureaux échanger leur fortune contre des efpérances chimériques ?

L'achat des Actions, dira-t-on, étoit libre. Sans doute ; & on ne forçoit perfonne à le faire. Que s'enfuit-il de-là ? Eft-ce que fans employer une contrainte perfonnelle, on n'en mit pas une autre en ufage ? On connoît les

Arrêts dés 13 & 28 Sept. & du 2 Octobre 1719.

refforts que fit jouer M. Law , par lui-même & par fes Emiffaires, pour faire monter les Actions à ce prix exorbitant, qui, pour 150 millions, en procura 1500 à la Compagnie. Ces démarches peu délicates font cependant l'origine de tout le crédit de la Compagnie : ce n'eft qu'après cette premiere fecouffe qu'on fe jetta avec une efpece de fureur fur tous fes effets ; & toute la confiance que le public lui témoigna dans la fuite n'a jamais eu d'autre fource. On fçait auffi comment on mit tout en ufage pour infpirer aux particuliers le dé-goût de l'or & de l'argent, & pour leur faire croire qu'ils avoient de grandes obligations à la Compagnie qui vouloit bien les en débar-raffer, & leur donner en échange des Actions ou des billets de banque ; & comment, après les avoir laiffé fe dépouiller eux-mêmes de la plus grande partie de ce qu'ils poffédoient dé ces métaux, on employa la violence pour en-lever ce qui leur reftoit.

Arrêt du 1er. Juin 1720.

Enfin le rembourfement même des dettes de l'Etat ôtoit aux Propriétaires tous les moyens de pouvoir placer leurs fonds à conftitution. Il falloit donc qu'ils euffent recours aux Ac-tions auxquelles on avoit , dans ce deffein , donné tant de vogue. L'achat des Actions, quoique libre en apparence, étoit donc forcé à caufe des circonftances qu'on vient de dé-crire ; &.on peut conclure fans bleffer la vérité que la Compagnie, en fe procurant, par le moyen de fes Actions, les 1500 millions qu'elle a prêtés au Roi, avoit choifi la voie qui lui étoit la plus avantageufe, en même temps qu'elle étoit la moins fûre pour les Prêteurs, puifque fes Actionnaires n'avoient aucun recours contre elle, & qu'ils étoient contraints de laiffer avilir dans leurs mains les fignes repréfentatifs des fommes immenfes qu'ils avoient employées en achat d'Actions. Le rembourfement des dettes de l'Etat, par le produit des Actions, ne prouve donc rien en faveur de la Compagnie.

Il y a encore une autre obfervation à faire fur cet article : c'eft que ce paiement des dettes de l'Etat fut fait en billets de banque, au moins pour la plus grande, & même la très-grande partie. Ces billets de banque étoient des effets de l'Etat. La Compagnie, en les donnant pour le montant des contrats fur l'Etat, ne faifoit donc autre chofe que de fubftituer un effet public à un autre effet public. La dette de l'Etat changeoit de dénomination, & fe doubloit, comme nous l'avons dit plus haut, en laiffant à la charge du Tréfor public, & les 48 millions de rentes faites à la Compagnie au principal de 1600 millions, & le cautionnement des billets de banque dont l'Etat étoit garant.

Concluons donc encore une fois que la dette de l'Etat ne fut pas réellement payée :

& quand toutes les raisons alléguées ci-dessus ne prouveroient pas la justesse de cette conclusion , la suite de toutes ces opérations la démontre de la maniere la plus évidente.

Edit du mois de Juin 1725.

Suivant les Déclarations , faites au nombre de plus de 50000, en exécution de l'Arrêt du 26 Janvier 1721 , la masse des dettes publiques excédoit 3 milliards 200 millions , en comptant l'évaluation que les Actionaires avoient donnée aux Actions. Mais quelques Auteurs disent que la somme totale des effets présentés au *visa* montoit à 2 milliards 222 millions 597 mille 481 livres ; en suivant cette derniere évaluation, qui est la plus modérée, il se trouve toujours dans la dette de l'Etat une augmentation de plus de 600 millions.

L'Etat n'a donc reçu aucun bien réel des opérations de la Compagnie , pas même un bien momentané , puisque l'acquittement de ses dettes n'a été que simulé, & qu'en fin de compte , il s'est trouvé endetté pour plus de 600 millions de plus qu'il n'étoit avant que la Compagnie ne lui eût rendu tous les services importans qu'elle lui reproche.

Considérons maintenant ces mêmes opérations relativement à la Compagnie, & nous les trouverons aussi avantageuses pour elle qu'elles nous ont paru défavantageuses à l'Etat. Nous verrons la Compagnie toujours demandant , offrant quelquefois , & ne donnant presque jamais rien ; entaffer privileges fur privileges, faveurs fur faveurs.

Elle paroît d'abord fur la fcene avec un fonds de 100 millions en billets d'Etat qui perdoient plus de 70 pour 100. Quelque avantage que cette derniere circonftance donnât pour l'acquifition des Actions, le fonds ne fe rempliffoit pas, & elle avoit peine à gagner la confiance. Mais bientôt fes affaires changerent de face : la réunion de la Compagnie de la Chine, la Ferme générale, le bénéfice fur les monnoies, la confirmation de la jouiffance de tous fes privileges de commerce pour cinquante ans, la tirerent de cette efpece de néant où elle étoit reftée depuis fon établiffement. Elle avoit obtenu toutes ces graces, dans la perfuafion où l'on étoit qu'il devoit en réfulter un grand bien pour la Nation ; auffi fit-elle de grandes démonftrations de zele. Elle propofe d'acquitter les dettes du Roi. Mais comment les acquitte-t-elle ? C'eft par une opération ruineufe pour l'Etat & très-lucrative pour elle. La Compagnie crée pour 150 millions d'Actions qu'elle vend à raifon de 5000 livres. Elle retire de fa vente 1500 millions. Voilà 1500 millions gagnés par la Compagnie par la feule publication de trois Arrêts du Confeil. Elle fe fait faire des contrats de rente pour 45 millions qu'elle doit retenir fur le prix du bail des Fermes ; affurément elle ne

Lettres-patentes en forme d'Edit, du mois d'Août 1717.

Arrêt du 27 Août 1719.

Arrêt du 13 & 28 Septembre, & 2 Octobre 1719.

Arrêt du 27 Août 1719.

pouvoit pas prendre des précautions plus sûres que de se payer par ses mains : aussi, en rendant ces prétendus services à l'Etat, ses affaires n'en valoient que mieux ; son capital & ses rentes augmentoient. Elle accepte ensuite la régie de la banque pour faire accroître encore, s'il étoit possible, la confiance qu'on avoit dans toutes ses opérations. Mais se trouvant accablée sous le poids des entreprises dont elle étoit surchargée, le désordre commence à se mettre dans ses affaires : l'Etat dont elle avoit auparavant payé les dettes, devient alors son créancier, & on la voit se dessaisir successivement de la plus grande partie des 48 millions de rente hypothequés sur le produit des Fermes, lesquelles rentes elle retrocede au Roi.

De son côté, le Roi voulant soutenir un établissement qu'on croyoit nécessaire, retrocede à la Compagnie pour 50 millions d'Actions dont il étoit propriétaire, & la décharge du paiement de 900 millions auquel elle s'étoit obligée pour ces Actions par sa délibération du 22 Février 1720. Malgré tous les efforts du Gouvernement, la mauvaise administration consumoit de plus en plus le capital de la Compagnie, & l'empêchoit de profiter des bénéfices qu'elle auroit pu faire sur toutes ses entreprises.

Au mois de Juin 1720 elle se trouvoit réduite à 300 millions de capital, encore étoit-

Arrêt du 23 Février 1720.

Arrêt du 3 & 20 Juin 1720.

Arrêt du 3 Juin 1720.

Arrêt du 3 Juin 1720.

elle fi confidérablement endettée, que ce n'é-
toit qu'en réduifant le nombre des Actions de
600 mille à 200 mille qu'elle croyoit pouvoir
faire face aux engagemens qu'elle avoit con-
tractés envers Sa Majefté, & en demandant
aux Actionnaires un fecours de 3000 liv. par
Action. Il ne fera pas inutile de rapporter ici
les principales difpofitions de l'Arrêt du 3 Juin
1720, & de quelques autres qui furent donnés
pour la réduction & la fixation du nombre des
Actions, & pour le fupplément de 3000 liv.
demandé aux Actionnaires.

Arrêt du 3
Juin 1720.

Par l'Arrêt du 3 Juin, art. 2, Sa Majefté
confent que les 100000 Actions dont elle étoit
propriétaire foient brûlées, ainfi que les 300000
que la Compagnie offre d'éteindre.

Art. 3. Sa Majefté fixe le nombre des Actions à 200000, pour lefquelles il fera fabriqué
200000 billets d'une Action chacun.

Art. 4. Toutes les Actions qui reftent dans
le public feront converties en nouvelles Actions, à l'effet de quoi elles feront rapportées
à la Compagnie au 1er. Septembre prochain.

Art. 5. Permet Sa Majefté à la Compagnie de demander aux Actionnaires un fupplément de 3000 livres par Action.

Par l'Arrêt du 20 Juin, Sa Majefté permet
aux Actionnaires de faire le fupplément de
3000 liv. en billets de banque ou en Actions
de la Compagnie, à leur choix, lefquelles

Arrêt du 20
1720.

Actions feront reçues en paiement dudit fupplément , à raifon de 6000 livres l'Action , en forte que pour trois Actions anciennes il fera délivré aux Actionnaires deux Actions nouvelles. Veut Sa Majefté que ledit fupplément foit fait dans le 15 du mois de Juillet prochain , paffé lequel temps les Actionnaires n'y feront plus reçus.

Arrêt du 15
Sept. 1720. L'Arrêt du 15 Septembre fuivant permet à la Compagnie de faire fabriquer 50000 nouvelles Actions , & fixe le nombre de toutes les Actions à 250000.

Il paroît fuivre de ces difpofitions que les 200000 Actions qui reftoient dans le public au mois de Juin , ne pouvoient pas fuffire pour remplir les 200000 Actions nouvelles , après l'Arrêt du 20 Juin qui permet d'en donner trois anciennes pour deux nouvelles. La fomme totale des anciennes Actions ne pouvoit remplir , à raifon de 3 pour 2 , que $133{,}333\frac{1}{3}$ nouvelles Actions. Il a donc dû refter entre les mains de la Compagnie $66{,}666\frac{2}{3}$ Actions nouvelles qu'elle a pu vendre à fon profit. N'eft-il pas évident que par cette opération , ainfi que par la permiffion qu'elle a follicitée de fabriquer 50000 nouvelles Actions , la Compagnie reprenoit d'une main ce qu'elle avoit abandonné de l'autre , en brûlant les 300000 Actions pour lefquelles elle avoit fait fa foumiffion.

La

La demande des 3000 liv. par Action for-
moit un objet de 600 millions, qui, avec les
66,666 Actions qui lui restoient & les 50,000
fabriquées en conséquence de l'Arrêt du 15
Septembre, devoit la dédommager des 300,000
qu'elle avoit offert d'éteindre.

Tel étoit au reste le système de la Compagnie. Lorsqu'elle avoit quelques demandes à
faire au Gouvernement , elle avoit toujours
soin de les faire précéder par quelques offres
qui sembloient contribuer à l'utilité nationale,
mais dont le vrai but étoit de détourner les
yeux du public de dessus les demandes exor-
bitantes qu'elle alloit faire. On en a vu l'exem-
ple quand elle a voulu avoir le bail des Fermes
& tous les privileges qu'elle s'est fait accorder ;
on en voit un autre dans le cas présent de
l'extinction de 400,000 Actions. On en verra
d'autres par la suite de ce Mémoire. Revenons
à la situation de la Compagnie.

Elle ne s'étoit servi jusque-là de ses privileges de commerce que pour inspirer plus de
confiance au public ; le mauvais succès de ses
opérations de Finance lui ouvrit enfin les yeux.
Les débris de toutes ses entreprises manquées ,
en lui montrant la désolation placée dans ce
même lieu où elle avoit auparavant rassemblé
toutes les richesses du Royaume , lui prouve-
rent mieux qu'aucun argument , combien elle
s'étoit éloignée de l'esprit de son Etat. Elle

C

Arrêt du 27
Août 1719.

Arrêts des 3
& 20 Juin, &
du 15 Septem-
1719.
Edit de Juil-
let 1720.

reconnut que ce n'étoit qu'en revenant à fa première inftitution qu'elle pourroit, non pas remettre fes affaires au point où elle les avoit vues pendant l'inftant que dura fa profpérité; mais conferver encore une forte d'exiftence pendant quelques années. Sans renoncer tout-à-fait aux affaires de Finances, que les circonf-tances ne lui permettoient pas d'abandonner en entier, elle forma le deffein de faire fa principale occupation du commerce. Elle s'a-dreffa au Gouvernement pour en obtenir la jouiffance, à perpétuité, de tous fes privi-leges. Cette démarche nous montre que la Compagnie portoit loin fes vues. On voit aujourd'hui, par l'événement, combien elle étoit inutile, & que le terme de cinquante ans, qui lui avoit été accordé d'abord, étoit fuffifant, & qu'il auroit été plus long que l'exiftence de la Compagnie, fi elle avoit été abandonnée à elle-même. Mais comme elle ne prévoyoit pas ce qui devoit lui arriver de nos jours, elle prit toutes les mefures qu'elle crut néceffaires pour fe faire octroyer fa demande.

Elle n'auroit pas ofé fans doute fe flatter qu'on lui eût accordé gratuitement une faveur fi onéreufe à la Société. C'eft dans cette vue qu'elle offrit de retirer pour 600 millions de billets de banque, à raifon de 50 millions par mois. A-t-on jamais compté férieufement que la Compagnie pût remplir cet engagement?

Edit de Juil-let 1720.

Comment, avec un fonds de 300 millions, qui
n'étoit peut-être pas bien clair , pouvoit-elle
retirer pour 600 millions de billets de ban-
que ? Son crédit diminuoit de jour en jour ; & quand il seroit vrai qu'elle en eût pu retirer
une petite quantité , n'étoit-il pas clair que la
diminution de son crédit la mettoit hors d'état
d'en acquitter la majeure partie ? Aussi le Parlement refusa - t - il , jusqu'à ce que la voie de
l'autorité l'y eut contraint , d'enregistrer l'Edit
du mois de Juillet , qui accordoit à la Compagnie cette jouissance à perpétuité de tous ses
privileges de commerce. Cet Edit lui avoit
paru si évidemment contraire au bien public,
qu'il n'avoit pas même cru qu'il fût nécessaire
de faire des remontrances à ce sujet ; ce qui
prouve que le Parlement étoit bien persuadé,
d'une part, de l'impossibilité où étoit la Compagnie de remplir ses engagemens , & de
l'autre, du préjudice que les sujets du Roi devoient recevoir des privileges accordés à la
Compagnie. L'événement a justifié ses craintes.
La Compagnie a été contrainte par le mauvais état de ses affaires de renoncer à ses engagemens. Le désordre de sa régie a forcé le
Gouvernement de lui retirer le bail des Fermes & celui des Monnoies ; mais dans ces
circonstances mêmes on la ménagea toujours
autant qu'il étoit possible. Ses comptes se
font rendus pour les Fermes générales , & la

Arrêt du 10
Octobre 1720.

Arrêt du 21
Juillet 1720.

C ij

recette s'eſt trouvée à très-peu de choſe près égale à la dépenſe : on la diſpenſa enſuite de rendre compte du bénéfice des monnoies ; c'eſt ainſi qu'elle ſe trouva quitte envers le Roi quant à ces deux objets.

La Compagnie, en abandonnant les entrepriſes dont elle s'étoit chargée , perdoit auſſi la confiance du public, qui n'étoit fondée que ſur le bon ſuccès qu'on eſpéroit de ces entrepriſes. Les Actionnaires ne répondoient point à l'appel qui leur avoit été fait, quoiqu'il ne fût que de 150 livres par Action. Et il fallut les menacer de perdre la propriété de toutes celles de leurs Actions pour leſquelles ils n'auroient pas fourni ladite ſomme de 150 livres, & leur accorder un délai pour faire ce paiement, qui ne s'effectua que très-lentement , & pas en entier. La ſomme totale de cet appel formant 22 millions 500 mille livres , devoit être employée aux entrepriſes de commerce de la Compagnie, & à *acquitter ſes dettes envers Sa Majeſté*.

Il faut bien remarquer que du moment que la Compagnie s'eſt mêlée des affaires de Finances , elle paroît toujours comme débitrice de Sa Majeſté ; en vain fait-elle valoir le bon ordre qu'elle a mis dans les Fermes , bientôt après le Roi dit de ſon côté que le bon ordre de ſes Finances exige qu'il retire les Fermes générales des mains de la Compagnie, ce qui

Arrêt du 27 Novem. 1720.

Arrêts des 15 & 29 Décemb. 1720.

Arrêt du 27 Octobre 1720.

Arrêts des 3 & 20 Juin , 24 & 27 Octobre, 27 Novembre 1720.

Arrêt du 3 Juin 1720.

Arrêt du 5 Janvier 1721.

ne forme pas une préfomption en faveur de fa régie.

Enfin la Compagnie reçut, par l'Arrêt du mois de Janvier 1721, le coup qu'elle redoutoit fi fort. Elle avoit été chargée des opérations de la banque, & il falloit en rendre compte : ce compte étoit fi terrible pour elle, qu'elle étoit perfuadée qu'il en réfulteroit fa ruine totale. Il lui faifoit perdre, à ce qu'elle difoit, un fonds de 1300 millions, & la rendoit débitrice de plus de 600 millions envers Sa Majefté. On remarquera ici en paffant que la Compagnie qui n'avoit, au mois de Juin 1720, qu'un fonds de 300 millions, après avoir perdu continuellement depuis cette époque, poffédoit 1300 millions au mois d'Avril 1721.

Elle préfenta donc une Requête au Confeil, dans laquelle elle prétendoit prouver qu'elle n'avoit point été chargée de l'adminiftration de la banque. Cependant, malgré toutes fes réclamations, l'Arrêt du 7 Avril 1721 la déboute de fon oppofition, ordonne l'exécution de celui du 26 Janvier de la même année. Les précautions, prifes par Sa Majefté pour ne pas exiger de la Compagnie un compte auquel elle ne fut pas tenue, avoient été de nommer des Commiffaires « pour examiner les requê- » tes, mémoires & pieces dont elle entendoit » fe fervir, même les regiftres de fes délibé- » rations, & tels autres que lefdits Commif-

Arrêt du 26 Janvier 1721.

Arrêt du 3 Juin 1720.

Arrêt du 14 Mars 1721.

» faires jugeroient à propos, pour, après ladite
» repréſentation, être, ſur l'avis deſdits ſieurs
» Commiſſaires, ordonné par Sa Majeſté ce qu'il
» appartiendroit ».

Quelque grandes qu'euſſent été les craintes
de la Compagnie, cette reddition de compte
ne fut point auſſi fâcheuſe pour elle qu'elle
l'avoit appréhendé ; la recette ſe trouva égale
à la dépenſe, & tout fut fini. La Compagnie
demeura quitte de tous ſes engagemens envers
le Roi.

On peut bien, ſans craindre de tomber dans
l'erreur, croire que la Compagnie fut encore
traitée avec faveur. Il n'eſt pas à préſumer
qu'elle ignorât ſa véritable ſituation lorſqu'elle
ſe reconnoiſſoit débitrice de plus de 600 millions envers Sa Majeſté. Il n'eſt pas poſſible
non plus que, vû les diſpoſitions favorables
du Gouvernement pour la Compagnie, les
Commiſſaires nommés pour examiner les pieces juſtificatives de ſa requête, n'aient pas mis
toute l'attention requiſe pour une vérification
ſi importante. Si après cette vérification le Roi
ordonne la reddition des comptes ; ſi par un
autre Arrêt du même jour il pourvoit à ce que
les ſommes dûes à Sa Majeſté par la Compagnie ne courent aucun riſque, c'eſt qu'on y
avoit trouvé des motifs ſuffiſans pour déterminer le Conſeil à prendre ce parti. Cette dette
étoit bien conſtatée, & par l'aveu de la requête,

Edit du mois
de Juin 1725.

Autre Arrêt
du 7 Avril
1721.

& par le rapport des Commissaires, en conséquence duquel on n'eut aucun égard à ladite
requête. Il seroit bien étonnant qu'il n'en fût
plus fait mention nulle part , si on ne con-
noissoit le dessein formé de favoriser en tout
la Compagnie , même aux dépens du Trésor
public. Il est vrai que ces dernieres graces ne
consistoient qu'en abolition de dettes envers
le Roi , & ne lui apportoient rien d'effectif;
on doit cependant les mettre au nombre de
ces faveurs particulieres dont le Gouvernement
n'a cessé de la combler.

Mais ce fut en 1725 que la Compagnie fut
portée , pour ainsi dire , en triomphe par les
Edits du mois de Juin. Il y en eut deux qui
la concernoient particuliérement : l'un la dé-
chargeoit de toutes les opérations faites pendant la minorité, afin qu'elle fût dans la suite
à couvert de toutes recherches , & lui faisoit
don de 583 millions ; l'autre lui confirmoit à
perpétuité la jouissance de tous ses privileges.
Il fallut , à la vérité , un Lit de Justice pour
l'enregistrement de ces deux Edits ; parce que
le Parlement continuoit de s'opposer aux en-
traves que ces privileges mettoient au commerce de la Nation , & qu'il croyoit qu'il
étoit contraire au bien de l'Etat de donner une
somme aussi considérable que celle de 583
millions à une Compagnie dont toutes les opérations avoient été si mauvaises.

Edit du mois
de Juin 1725.

Avant que de finir ce que nous avons à dire de l'histoire de la Compagnie, nous croyons nécessaire de relever ses prétentions insérées dans l'article 10 des demandes qu'elle fit au Roi en 1747 ; quoique cette question ait été décidée par le *néant* mis en marge à côté dudit article. Elle prétend que Sa Majesté s'est reconnue, par son Edit de 1723, débitrice de 1470 millions envers la Compagnie ; que le bénéfice des réductions du *visa*, & les Ordonnances du comptant, c'est-à-dire les 583 millions dont on a parlé, laissoient encore Sa Majesté débitrice d'une somme considérable, &c.

Il faut convenir que la Compagnie avoit bien mauvaise grace de revenir sur cet article en 1747. Pouvoit-elle se dissimuler que toutes les clauses de cet Edit renfermoient des faveurs auxquelles elle n'auroit pas dû prétendre ? On n'y rencontre que des dispenses de rendre compte des sommes, au paiement desquelles elle s'étoit obligée pour les différentes entreprises dont elle s'étoit chargée. Entr'autres 6 millions qui faisoient le fonds de la banque, & qui appartenoient au Roi : 50 millions pour le bénéfice des monnoies : 900 millions pour les 100 mille Actions appartenantes au Roi : auxquelles, si on ajoute les 583 millions que le Roi donne à la Compagnie, on aura 1589 millions dont Sa Majesté lui fait présent, soit en dons, soit en remises.

D'ailleurs

Edit de Juin 1725.

Arrêt du 23 Février 1720.

Arrêt du 21 Juillet 1719.
Arrêt du 23 Février 1720.

Edit du mois de Juin 1725.

même , & avoir prouvé que l'Etat a toujours donné à la Compagnie & n'en a jamais reçu aucun service réel, il nous reste encore à détruire un reproche d'injustice que l'on fait au Gouvernement, en l'accusant d'avoir, au temps du *visa*, fait une réduction plus grande sur les biens des Actionnaires que sur ceux des autres classes de Citoyens. Les Actions , suivant la déclaration des Actionnaires , leur tenoient lieu, dit-on, de 900 millions. On les a réduites, suivant l'Auteur de l'Eclaircissement Historique , à 337 millions, & encore ne sçait-on pas ce que sont devenus ces 337 millions dont on n'a plus entendu parler. Nous examinerons donc en premier lieu l'article des 900 millions , ensuite celui des 337 millions dont on veut faire entendre que le Gouvernement s'est emparé.

On prétend qu'au temps du *visa* les Actions tenoient lieu aux Actionnaires de 900 millions, & on ne dit point sur quel fondement on appuie cette évaluation ; on ne donne ni le nombre des Actions qui furent présentées au *visa*, ni le prix qu'on attribue à chacune : depuis l'Arrêt du 3 Juin 1720 qui ordonne le brûlement de 400 mille Actions , il n'en devoit plus rester que 200 mille dans le public. Il en fut fabriqué ensuite 50 mille, par Arrêt du 15 Septembre suivant. Il en auroit donc dû être porté 250 mille au *visa*. Mais on voit par l'Arrêt du 17 Novembre, qui permet aux Directeurs de la Compagnie d'emprunter 22 millions 500 mille liv. à raison de 150 liv. par Action, qu'il n'en devoit plus rester dans le public qu'environ 146 mille 60. Et on lit, dans l'Edit du mois de Juin 1725, que les Actions furent représentées au nombre de 130 mille. En s'arrêtant à ce dernier calcul, & en évaluant les Actions selon le prix de l'achat, lors de leur vente par la Compagnie, elles ne forment qu'un capital de 650,000,000 liv. Pour avoir les 900 millions, il faut donc les porter à près de 7000 livres. Or il est absurde de les porter à un prix aussi haut dans un temps où il y en eut qui furent données pour 24 livres, & même pour 6 livres. Il auroit fallu chercher un moyen de leur donner une valeur qui fût indépendante de toutes les variations qu'elles éprouverent, & c'est ce qu'on n'a pas fait. On s'est contenté de citer une Déclaration des Actionnaires, comme si cette Déclaration eût dû fixer le prix des Actions, & qu'on n'eût pas pu la suspecter d'exagération. Ce n'est pas d'après cette Déclaration, ni d'après la valeur des Actions pendant les opérations du systême, qu'on doit fixer la valeur réelle de l'Action ; c'est d'après la connoissance exacte du fonds libre de la Compagnie, & en divisant ce fonds libre par le nombre d'Actions qui existent : alors, dans quelque époque qu'on veuille chercher la valeur des Actions, on la trouvera toujours féparée de la valeur d'opinion, pourvu qu'on ait auparavant fixé l'état des fonds libres. Ainſi, à la création de la Compagnie d'Occident en 1717, le fonds de la Compagnie étoit de 100 millions, les Actions au nombre de 200 mille : la valeur véritable de chaque Action étoit donc de 500 liv.

Les Actions fabriquées depuis la premiere création étoient pareillement de 500 livres, quoique la Compagnie exigeât 1000 liv. pour les unes & 5000 liv. pour les autres, & que toutes euffent dans le public une valeur à-peu-près égale. Cette augmentation du prix des Actions devoit accroître le principal de la Compagnie, & la valeur réelle des Actions en proportion du capital; mais ce capital n'étoit pas bien connu de la part des Actionnaires, parce qu'ils ne pouvoient que préſumer le produit des Actions. Ils pouvoient bien faire le calcul des fonds qu'ils fourniffoient pour l'achat des Actions, mais ils ne pouvoient en connoître l'emploi : or le produit des Actions étoit de 1677 millions 500 mille livres, & toutes les Actions étant fur le même pied, leur valeur réelle étoit de 2795 liv.; tout ce qu'elles ont pu valoir au-delà n'a été qu'une fuite de l'opinion de la plus valeur préſumée du capital de la Compagnie, & des eſpérances des grands bénéfices que la Compagnie devoit faire sur toutes ses entreprises.

Lors donc qu'un Actionnaire a donné 10, 12, 15 ou 20 mille livres d'une Action par laquelle il acquéroit un 600 millieme dans les fonds de la Compagnie, & une portion égale dans ses bénéfices, c'est qu'il présumoit que le capital de la Compagnie étoit suffisant pour lui répondre des sommes qu'il convertissoit en Actions, & que le profit à retirer sur les bénéfices des diverses entreprises de la Compagnie lui donneroit une rente équivalente à celle des 10, 15 ou 20 mille livres payées pour chaque Action. La premiere supposition étoit la plus censée, si on eût pu la faire avec quelque certitude; mais il auroit fallu, suivant les circonstances, porter le capital de la Compagnie à 6, 7, 9 ou 12 milliards : & pouvoit-on raisonnablement se persuader qu'elle fût propriétaire d'un fonds aussi immense ? On pouvoit le supposer considérable, mais il étoit impossible de le fixer. Dans la seconde supposition, l'espérance, fondée sur les bénéfices que devoient donner les entreprises diverses de la Compagnie, n'étoit pas différente de celle que donne une opération ordinaire de commerce, une spéculation par laquelle un Négociant peut faire un gain considérable ou une perte proportionnée si la spéculation n'est pas juste. Les

Actionnaires devoient donc s'attendre à perdre aussi bien qu'à gagner : ils risquoient toute leur fortune , mais ils ne la risquoient que dans l'espérance de lui donner un accroissement considérable. La Compagnie ayant mal fait ses affaires , & manqué toutes ses entreprises, l'espérance des grands bénéfices s'est évanouie, & le capital s'est détérioré ; la valeur des Actions a dû subir une diminution en proportion de la détérioration du capital ; pendant que la valeur d'opinion tomboit avec l'espérance fondée sur les bénéfices.

Dans cette chûte, il étoit aussi difficile de fixer la valeur réelle des Actions que dans le temps où elles étoient le plus en faveur. Le mauvais succès de toutes les entreprises de la Compagnie devoit mettre beaucoup de confusion dans l'état de ses fonds & empêcher d'en connoître la juste valeur ; n'y ayant plus de profits à espérer de tous les objets manqués , il n'y avoit plus de confiance , & l'on ne comptoit que foiblement sur le capital de la Compagnie, qu'on croyoit endettée pour des sommes peut-être plus considérables que ce qu'il lui restoit de fonds ; opinion qui fit donner les Actions au-dessous de 500 liv. de leur valeur originaire.

Il n'étoit donc pas possible , dans ces circonstances , de fixer la valeur véritable des Actions, que le trop peu de confiance des

Actionnaires avoit réduites au-dessous de 500 livres, tandis que, par un excès de confiance, ils les avoient portées un an auparavant jusqu'à 20000 francs.

Il s'enfuit de-là qu'à l'époque du *visa* on ne peut pas dire de quelle somme les Actions tenoient lieu aux Actionnaires. La plus grande partie de ce qu'ils avoient dépensé pour les acquérir, ils l'avoient risqué en proportion des espérances qu'ils avoient conçues d'accroître leur fortune par ces opérations. Le succès n'a pas répondu à leur attente, & ils ont perdu ce qu'ils avoient risqué sur ces espérances ; on doit les plaindre ; mais ils ne peuvent pas plus crier à l'injustice en leur qualité d'Actionnaires qu'un Négociant qui perd sa fortune sur une spéculation d'après laquelle il croyoit beaucoup gagner. Si la réduction des billets de banque a fait essuyer des pertes aux Actionnaires, c'est un fort qui leur a été commun avec le reste des Citoyens : la perte de ceux-ci a pu être moindre, parce qu'ils n'ont pas risqué comme les Actionnaires, parce que le desir de faire une fortune brillante ne les a pas tentés.

C'est donc faussement qu'on avance qu'à l'époque du *visa* les Actions tenoient lieu aux Actionnaires de 900 millions, puisqu'avant cette opération il n'étoit pas possible d'évaluer le fonds capital de la Compagnie. Il est aussi
fau

faux qu'on ait réduit le bien des Actionnaires au tiers de ce qu'ils possédoient, car ils n'ont souffert d'autre réduction que celle à laquelle toutes les autres classes de Citoyens ont été soumises, eu égard aux billets de banque & autres effets visés. La réduction opérée dans le *visa* des Actions, n'est tombée que sur leur nombre, & non pas sur leur valeur, qu'il étoit impossible de déterminer tant qu'on ne verroit pas clairement quel pouvoit être le capital de la Compagnie. Cette réduction étoit plus ou moins forte, à proportion que la maniere dont les Actions avoient été acquises paroissoit plus ou moins suspecte de manque de bonne foi & de probité. Il y en eut de grosses parties qui furent supprimées totalement, soit parce que l'acquisition en avoit été faite en contravention aux Loix, ou parce qu'elles n'avoient pas passé par toutes les formalités prescrites par les Loix. Si des Actionnaires ont mieux aimé perdre leur propriété que se soumettre aux Loix, est-ce aux Actionnaires actuels à accuser la conduite du Ministere envers leurs prédécesseurs ? Et ne vaudroit-il pas beaucoup mieux faire oublier ces temps malheureux que d'obliger, par des prétentions indiscretes & dénuées de toute vraisemblance, de faire des recherches dont le résultat peut être désavantageux à ceux qui en font l'objet?

Les plaintes des Actionnaires ne font donc

pas fondées. Ils ont partagé un malheur qui a été commun à toute la Nation. Ils ont pu perdre plus que les autres Citoyens : mais ils commerçoient, & les autres ne commerçoient pas. Ils ont couru rifque d'aggrandir leur fortune par les opérations de la Compagnie à laquelle ils fe font intéreffés ; il a donc été de toute néceffité qu'ils partageaffent le fort de cette Compagnie.

Il eft inutile de s'étendre davantage fur le fort des Actionnaires, parce qu'il eft affez bien prouvé que fi, depuis 1725, ils ont effuyé des pertes confidérables, ils ne peuvent plus en charger l'Etat, & qu'elles font du fait de la Compagnie ; tandis qu'au contraire on peut affirmer, en toute vérité, que la Compagnie n'exifteroit plus depuis long-temps fi elle n'avoit tiré de l'Etat des fecours immenfes.

Quant aux 337 millions *dont on n'a plus entendu parler*, il eft bien étonnant que de ce que la Compagnie accorde un dividende de 150 livres à fes Actionnaires, on en conclue qu'elle avoit alors un fonds de 337 millions. Le dividende de 1722 fut fixé à 100 livres ; & pour celui de 1723, Sa Majefté fait efpérer à la Compagnie qu'elle lui donnera des privileges qui la mettront en état de le porter à 150 livres. Il y fut effectivement porté ; mais c'eft une erreur groffiere que d'en conclure que les 8,400,000 livres, qui faifoient la fomme

Arrêt du 24 Mars 1723.

totale du dividende de cette année, fuppo-
faffent un fonds de 337 millions. Le dividende
fut payé fur le même pied de 150 livres jufqu'en 1745, & cependant le capital & le re-
venu de la Compagnie n'avoient ceffé de dimi-
nuer depuis 1725. Or, comme il feroit abfurde
de prétendre que la Compagnie avoit un fonds
de 337 millions en 1744, parce que le dividende qu'elle donna à fes Actionnaires étoit
de 150 livres pour cette année, il ne l'eft pas
moins de former la même prétention en con-
féquence du dividende de 150 livres accordé
aux Actionnaires en 1724. Ce fonds de 337
millions eft donc imaginaire : on auroit eu bien
plus de raifon de demander ce que font devenues les 583 millions dont le Roi a fait préfent à la Compagnie en 1725. Je ne puis
donner de réponfe fatisfaifante à cette quef-
tion, mais je puis bien demander auffi ce que
font devenues toutes les fommes que la Compagnie a reçues depuis cette époque, tant de
l'Etat que de fes Actionnaires. Les unes & les
autres ont eu, fans doute, le même fort, c'eft-
à-dire qu'elles ont été diffipées par les opérations mal entendues de la Compagnie.

APPROBATION.

J'ai lu, par ordre de Monseigneur le Chancelier, un Manuscrit intitulé : *Balance des Services de la Compagnie des Indes envers l'Etat ; & de ceux de l'Etat envers la Compagnie*, dans lequel je n'y ai rien trouvé qui puisse en empêcher l'impression. Il me paroît que, dans les circonstances présentes, cet Ouvrage pourra mériter l'attention du Public. Fait à Paris, ce 23 Octobre 1769.

Signé, LAGRANGE DE CHECIEUX.